DISCOURS

*Prononcé par le Prince-Président à l'inauguration de la
Statue équestre de l'Empereur.*

Lyonnais, votre ville s'est toujours associée par des in-
cidents remarquables aux phases différentes de la vie de
l'Empereur. Vous l'avez salué consul, lorsqu'il allait par
delà les monts cueillir de nouveaux lauriers; vous l'a-
vez salué Empereur tout-puissant; et lorsque l'Europe
l'avait relégué dans une île, vous l'avez, encore des pre-
miers, en 1815, salué Empereur.

De même aujourd'hui votre ville est la première qui lui
élève une statue. Ce fait a une signification. On n'élève
des statues équestres qu'aux souverains qui ont régné;
aussi les gouvernements qui m'ont précédé ont-ils toujours refusé cet hommage à un pouvoir dont ils ne vou-
laient pas admettre la légitimité.

Et cependant, qui fut plus légitime que l'Empereur, élu
trois fois par le peuple, sacré par le chef de la religion, re-
connu par toutes les puissances continentales de l'Europe,
qui s'unirent à lui et par les liens de la politique et par
les liens du sang?

L'Empereur fut le médiateur entre deux siècles ennemis; il tua l'ancien régime en rétablissant tout ce que ce
régime avait de bon; il tua l'esprit révolutionnaire en faisant triompher partout les bienfaits de la révolution: voilà
pourquoi ceux qui l'ont renversé eurent bientôt à déplo-
rer leur triomphe; quant à ceux qui l'ont défendu, ai-je
besoin de rappeler combien ils ont pleuré sa chute?

Aussi, dès que le peuple s'est vu libre de son choix, il a
jeté les yeux sur l'héritier de Napoléon, et, par la même
raison, depuis Paris jusqu'à Lyon, sur tous les points de
mon passage, s'est élevé le cri unanime de Vive l'Empereur! Mais ce cri est bien plus à mes yeux un souvenir
qui touche mon cœur qu'un espoir qui touche mon orgueil.

Fidèle serviteur du pays, je n'aurai jamais qu'un but:
c'est de reconstituer dans ce grand pays, si bouleversé
par tant de commotions et par tant d'utopies, une paix

basée sur la conciliation pour les hommes, sur l'inflexibilité des principes d'autorité, de morale, d'amour pour les classes laborieuses et souffrantes, de dignité nationale.

Nous sortons à peine de ces moments de crises où, les notions du bien et du mal étant confondues, les meilleurs esprits se sont pervertis. La prudence et le patriotisme exigent que, dans de semblables moments, la nation se recueille avant de fixer ses destinées; et il est encore pour moi difficile de savoir sous quel nom je puis rendre les plus grands services.

Si le titre modeste de Président pouvait faciliter la mission qui m'était confiée, et devant laquelle je n'ai pas reculé, ce n'est pas moi qui, par intérêt personnel, désirerais changer ce titre contre celui d'Empereur.

Déposons donc sur cette pierre notre hommage à un grand homme; c'est honorer à la fois la gloire de la France et la généreuse reconnaissance du peuple; c'est constater aussi la fidélité des Lyonnais à d'immortels souvenirs.

RÉPONSE

Du Prince Louis-Napoléon au Discours de M. le Président de la Chambre de commerce de Bordeaux, dans le dîner offert par la Chambre à S. A. I., le 9 octobre 1852.

MESSIEURS,

L'invitation de la chambre et du tribunal de commerce de Bordeaux, que j'ai acceptée avec empressement, me fournit l'occasion de remercier votre grande cité de son accueil si cordial, de son hospitalité si pleine de magnificence; et je suis bien aise aussi, vers la fin de mon voyage, de vous faire part des impressions qu'il m'a laissées.

Le but de ce voyage, vous le savez, était de connaître par moi-même nos belles provinces du Midi, d'approfondir leurs besoins. Il a, toutefois, donné lieu à un résultat beaucoup plus important.

En effet, je le dis avec une franchise aussi éloignée de

VOYAGE DE S. A. I. NAPOLÉON.

SES DISCOURS A LYON ET A BORDEAUX.

Itinéraire, et Entrée à Paris.

VIVE L'EMPIRE ET VIVE L'EMPEREUR !

Chant lyrique et final;

ET

L'UNITÉIDE* DES PEUPLES

OU

LA FEMME MESSIE ET UNITRICE

Sauvant le monde, qui prend son nom, par l'Unité Napoléonienne

RECUEIL DE POÈMES ET CHANTS POPULAIRES

MIS EN MUSIQUE PAR L'AUTEUR

Contenant :

1º L'Unitéide, *Ode lyrique.*　　5º Le Pardon.
2º Le Napoléon populaire.　　　6º La Fête de la vie; ou le 15 août
3º La Marche du 2 Décembre.　　7º Vive l'Empire et vive l'Em-
4º Les Trois 2 Décembre.　　　　　pereur !

Par M. GAGNE, Avocat

Auteur du Suicide, du Délire, de la Monopanglotte ou la langue universelle,
et autres ouvrages, etc., etc

Unité... c'est le cri des peuples généreux.
Unitéide... c'est le nom du monde heureux.

Prix : 30 centimes.

PARIS

CHEZ LEDOYEN, LIBRAIRE,
GALERIE VITRÉE, 31,

Et chez l'Auteur, rue Saint-Honoré, 316.

* Le mot *Unitéide* veut dire grandeur de l'unité.

938 — Paris. Imprimerie de Guiraudet et Jouaust, 338, rue S.-Honoré.

l'orgueil que d'une fausse modestie, jamais peuple n'a té-
moigné d'une manière plus directe, plus spontanée, plus
unanime, la volonté de s'affranchir des préoccupations de
l'avenir, en consolidant dans la même main un pouvoir
qui lui est sympathique.

C'est qu'il connaît, à cette heure, et les trompeuses es-
pérances dont on le berçait, et les dangers dont il était
menacé. Il sait qu'en 1852 la société courait à sa perte
parce que chaque parti se consolait d'avance du naufrage
général par l'espoir de planter son drapeau sur les débris
qui pourraient surnager. Il me sait gré d'avoir sauvé le
vaisseau en arborant seulement le drapeau de la France.

Désabusé des absurdes théories, le peuple a acquis la
conviction que les réformateurs prétendus n'étaient que
des rêveurs, car il y avait toujours disproportion, incon-
séquence, entre leurs moyens et le résultat promis.

Aujourd'hui, la France m'entoure de ses sympathies,
parce que je ne suis pas de la famille des idéologues.
Pour faire le bien du pays, il n'est pas besoin d'appliquer
de nouveaux systèmes, mais de donner avant tout con-
fiance dans le présent, sécurité dans l'avenir.

Voilà pourquoi la France semble revenir à l'Empire.
Il est néanmoins une crainte à laquelle je dois répondre.
Par esprit de défiance, certaines personnes se disent :
l'Empire, c'est la guerre. Moi je dis : l'Empire, c'est la
paix; c'est la paix, car la France le désire, et, lorsque la
France est satisfaite, le monde est tranquille.

La gloire se lègue bien à titre d'héritage, mais non la
guerre. Est-ce que les princes qui s'honoraient justement
d'être les petits-fils de Louis XIV ont recommencé ses
luttes?

La guerre ne se fait pas par plaisir, elle se fait par nécessité. Et, à ces époques de transition, où partout, à côté
de tant d'éléments de prospérité, germent tant de causes
de mort, on peut dire avec vérité : Malheur à celui qui
le premier donnerait en Europe le signal d'une collision
dont les conséquences seraient incalculables!

J'en conviens cependant, j'ai, comme l'Empereur, bien

des conquêtes à faire. Je veux, comme lui, conquérir à la conciliation les partis dissidents, et ramener dans le courant du grand fleuve populaire les dérivations hostiles qui vont se perdre sans profit pour personne.

Je veux conquérir à la religion, à la morale, à l'aisance, cette partie encore si nombreuse de la population qui, au milieu d'un pays de foi et de croyance, connaît à peine les préceptes du Christ; qui, au sein de la terre la plus fertile du monde, peut à peine jouir de ses produits de première nécessité.

Nous avons d'immenses territoires incultes à défricher, des routes à ouvrir, des ports à creuser, des canaux à terminer, des rivières à rendre navigables, notre réseau de chemins de fer à compléter; nous avons, en face de Marseille, un vaste royaume à assimiler à la France; nous avons tous nos grands ports de l'Ouest à rapprocher du continent américain par la rapidité de ces communications qui nous manquent encore; nous avons enfin partout des ruines à relever, de faux dieux à abattre, des vérités à faire triompher.

Voilà comment je comprendrais l'Empire, si l'Empire doit se rétablir.

Telles sont les conquêtes que je médite, et vous tous qui m'entourez, qui voulez, comme moi, le bien de votre patrie, vous êtes mes soldats.

---

32 Journées. — Itinéraire :

Bourges, Nevers, Moulins, Roanne, Saint-Etienne, Lyon, Grenoble, Valence, Avignon, Marseille, Toulon, Aix, Nîmes, Montpellier, Narbonne, Carcassonne, Toulouse, Montauban, Agen, Bordeaux, Angoulême, Rochefort, La Rochelle, Niort, Poitiers, Tours, et les villes intermédiaires qui se trouvent sur le trajet.

Arrivée a Paris Samedi 16 octobre, à 5 heures, par la Gare d'Orléans, et entrée aux Tuileries par le pont d'Austerlitz, la rue de la Contrescarpe, la place de la Bastille, les Boulevarts, la rue Royale, la place de la Concorde, la grille et le jardin des Tuileries, avec escorte de tous les grands Corps de l'Etat. — Arcs de triomphe au pont d'Austerlitz, boulevart Contrescarpe, rue de la Paix, etc., etc.

L'UNITÉIDE DES PEUPLES

ou

LA FEMME MESSIE ET UNITRICE

Sauvant le monde, qui prend son nom, par l'Unité
Napoléonienne.

⸺⸺◆◆◆⸺⸺

Unité! unité! unité!........
NAPOLÉON, LAMARTINE, etc., etc.

Sans l'amour pur d'une femme céleste,
Tout succombait dans ces terrestres lieux;
En descendant sur ce globe funeste,
L'Unitéide y transporte les cieux.
Sur l'univers planant comme un génie,
Elle l'arrache à la mort sans retours.
L'Unitéide ou la femme messie
Unira tout par ses divins amours.

Levez-vous, levez-vous, rois et peuples du monde!
Par des *Magnificat*, par des chants solennels,
Saluez, adorez l'*Unitrice* féconde
Qui vous unit, vous sauve et vous rend immortels.

L'Unitéide est l'auguste déesse
Que mon amour rêva dans tous les temps,

Et qu'enfin Dieu sur le monde en ivresse
Fait resplendir comme un ciel du printemps ;
C'est l'astre pur qui d'un éclat splendide
Change les nuits en d'ineffables jours.
Fille de Dieu, la sainte Unitéide
Unira tout par ses divins amours.

Pendant ces temps de scandale et de haine,
Où tout l'amour est dans l'impur veau d'or,
L'Unitéide est la femme chrétienne
Vers qui tout cœur doit prendre son essor.
C'est la beauté la plus resplendissante
Dont les mortels contemplent les contours.
L'Unitéide, Eve toute-puissante,
Unira tout par ses divins amours.

Ses vifs regards aux étoiles brillantes,
Sa bouche pure à l'éclatant vermeil,
Ses longs cheveux aux tresses ondoyantes,
Son front où luit l'esprit comme un soleil ;
Oui tout son être enfin aux plus doux charmes
Fait resplendir les plus brillants atours.
L'Unitéide aux pacifiques armes
Unira tout par ses divins amours.

La sœur du Christ, l'Unitéide sainte
Dont le pouvoir en tous lieux se répand
Est l'Ève forte et qui d'un pied sans crainte
Ecrasera la tête du serpent.

C'est le second rédempteur de la terre
Dont l'arc-en-ciel resplendira toujours.
L'Unitéide, offrant la vie entière,
Unira tout, par ses divins amours.

Pour tout guider vers l'unité suprême,
Comme le Christ, ne montrant toutes parts
Qu'un seul vrai Dieu, qu'une foi, qu'un baptême,
L'Unitéide active tous les arts.
Par la vapeur, par les fils électriques,
Elle nous guide aux plus brillants concours
L'Unitéide aux parfums sympathiques
Unira tout par ses divins amours.

Vouée, ainsi que l'épouse bénie,
Au vrai salut de la terre sans port,
L'Unitéide aux sources de la vie
Vient abreuver les hommes de la mort.
Comme le Christ, elle s'offre au supplice;
Mais, étouffant les haines des vautours,
L'Unitéide à la foi créatrice
Unira tout par ses divins amours.

Pour bien fonder sur d'éternelles bases
Son grand empire à l'unique rayon,
L'Unitéide aux sublimes extases
Parmi les rois choisit Napoléon,
Napoléon qui sera le Moïse
Monde-uniteur des peuples sans détours.

L'Unitéide à la terre promise
Unira tout par ses divins amours.

Au Deux décembre électrisant ses ailes,
L'Unitéide avec l'Aigle sans peur
Fait le grand tour du monde en étincelles,
En l'inspirant de son feu créateur.
Des vérités elle montre la route
Aux voyageurs qui marchaient à rebours.
L'Unitéide, en détruisant le doute,
Unira tout par ses divins amours.

L'Unitéide, illuminant les femmes
De tout l'éclat de ses amours sacrés,
Par les rayons de leurs sublimes flammes
Purifiera les hommes inspirés.
Par leurs ferveurs ses divines prêtresses
Du vrai bonheur parfumeront le cours.
L'Unitéide aux suaves ivresses
Unira tout par ses divins amours.

Brisant enfin dans sa course fatale
Le grand rouleau des révolutions,
Qui chaque jour en *machine* infernale
Broyait les rois avec les nations,
L'Unitéide en son char de victoire
Porte le pâtre et les princes des cours ;
L'Unitéide, étalant toute gloire,
Unira tout par ses divins amours.

Faisant à tous parler un seul langage,
Elle fera l'empire universel
Qui portera son grand nom d'âge en âge
Et fondera son Eden éternel.
Tous ses enfants, tous les peuples fidèles,
Lui prêteront de mutuels secours.
L'Unitéide aux fêtes immortelles
Unira tout par ses divins amours.

Les femmes qui se voüeront à son culte
Auront le front brillant de soleils d'or;
Et, découvrant toute science occulte,
Elles prendront vers les cieux leur essor.
Par leurs rayons les saintes unitrices
Eclipseront les plus splendides jours.
L'Unitéide aux lois inspiratrices
Unira tout par ses divins amours.

L'Unitéide aura pour oriflamme
L'étendart vert aux cent prismes divers,
Pour sceptre auguste à l'éclatante flamme
Le grand levier, sceptre de l'univers,
Et pour couronne à la splendeur divine
Tous les soleils à l'éternel parcours.
L'Unitéide au bandeau sans épine
Unira tout par ses divins amours.

Le monde aura le nom d'Unitéide
Par l'unité des grands peuples sauvés,

Ou bien prendra le nom de barbaride
Dans le discord des peuples naufragés.
Ses fils prendront le nom d'Unitéistes
Et des Babels renverseront les tours.
L'Unitéide, aux purs évangélistes
Unira tout par ses divins amours.

Levez-vous, levez-vous, rois et peuples du monde !
Par des *Magnificat*, par des chants solennels,
Saluez, adorez l'*Unitrice* féconde
Qui vous unit, vous sauve et vous rend immortels.

LE NAPOLÉON POPULAIRE,

.... On cherchait un nom. — On a trouvé un homme.
                                    LAMARTINE.

Je ne suis pas révolutionnaire,
Je soutiendrai tout pouvoir populaire.

Français, par un coup de tonnerre
Dont les siècles vont retentir
Le Napoléon populaire
Sonne l'heure de l'avenir ;
L'Austerlitz de la république
Immortalise son rayon ;
Nous lui devons un phare unique.
Gloire, gloire à Napoléon !

Rien ne trouvait plus de refuge
Contre les flots montant partout.
Pour fuir le plus sanglant déluge,
Napoléon nous donne tout;
Tous les siècles suivent sa marche
A la sublime ascension.
Nous lui devons notre sainte arche.
Gloire, gloire à Napoléon!

Napoléon pouvait en maître
Fonder un empire san fin ;
Mais vainqueur il veut se soumettre
Aux lois du peuple souverain.
Au peuple que sa main couronne
De sa gloire il fait l'abandon ;
Nous lui devons le plus beau trône.
Gloire, gloire à Napoléon !

Le Napoléon de l'audace,
Grand comme Dieu dans ses travaux,
Dit : *Que la lumière se fasse !*
Et tout soudain sort du chaos.
Il éclipse par sa victoire
Tous les Césars du Rubicon.
Nous lui devons un ciel de gloire.
Gloire, gloire à Napoléon!

Ce grand coup d'état de Dieu même ,
Dont Napoléon fait les feux ,

Ferme l'enfer plein d'anathème
De mil huit cent cinquante-deux,
Et fait briller un ciel splendide
Sur un monde sans horizon.
Nous lui devons l'Unitéide.
Gloire, gloire à Napoléon !

Napoléon, maître suprême,
Se soumet au peuple en fureur ! !
N'ayons pas la démence extrême
De frapper un libérateur ;
Ne faisons pas un suicide
Dans un parricide sans nom.
Nous lui devons tous notre égide.
Gloire, gloire à Napoléon !

Au passé, lui criant : Qui vive ?
Napoléon dit : L'avenir !
Et la sentinelle craintive
Le salue et vient l'applaudir ;
Et le présent porte à l'épaule
La clé de la solution.
Nous lui devons un Capitole.
Gloire, gloire à Napoléon !

La meilleure des républiques,
Que doit vouloir tout citoyen,
Est le pouvoir aux lois uniques
Qui fait à tous le plus de bien ;

Qu'on lui donne le nom futile
D'empire ou royauté sans ton,
Tout lui doit ce pouvoir fertile.
Gloire, gloire à Napoléon!

Triomphant par sa digne armée,
Dont tout soldat est un héros,
La France, un instant alarmée,
Savoure un bienfaisant repos,
Et cache ses foudres de guerre
Sous l'aile de son fier aiglon.
Nous lui devons la nouvelle ère.
Gloire, gloire à Napoléon!

Décapitant la politique
A l'infernal blagorama,
Napoléon de l'art attique
Étale le panorama;
Au Palais-de-Cristal qu'il fonde
Les arts accourent en rayon.
Tout lui doit le travail du monde.
Gloire, gloire à Napoléon!

Et pourquoi, nous dit Bonaparte,
Me combattre avec le fusil,
Quand l'électeur, avec sa carte,
Peut me combattre sans péril?
Dans le vote est la vie entière;
Le trépas est dans le canon.

Nous lui devons toute lumière.
Gloire, gloire à Napoléon !

Dans sa foi, que l'amour repeuple,
Napoléon dit, plein de feu :
Avec le droit qui vient du peuple
Et la force qui vient de Dieu,
J'ai replacé la pyramide
Sur sa base en érection.
Nous lui devons un ciel splendide.
Gloire, gloire à Napoléon !

Pour anéantir l'anarchie,
Napoléon, rempli de foi,
Avec l'action du génie ;
Nous dit : *Je marche, suivez-moi !*
Français, sans haines et sans crainte,
Suivons le Dieu de l'action.
Nous lui devons la force sainte.
Gloire, gloire à Napoléon !

Napoléon, comme un vrai père,
Bravant tous les périls du sort,
Veut prodiguer sa vie entière
Au peuple, qui brigua sa mort ;
Dans le cœur de toute la France
Il veut fonder son Panthéon.
Nous lui devons la renaissance.
Gloire, gloire à Napoléon !

Au jour sans fin du *Deux-Décembre,*
Par un coup de soleil sauveur,
Napoléon, broyant la chambre,
Fonde l'empire... du bonheur.
Ce grand chasseur tire en parade
Tout blagorateur fanfaron.
Nous lui devons toute iliade,
Gloire, gloire à Napoléon !

Napoléon, d'un coup sublime,
Tranche le fort nœud gordien ;
Immole le vil sphinx du crime
Qui dévore le genre humain ;
Ferme la boîte de Pandore,
Et détruit l'antéchrist Proudhon.
Tout lui doit l'honneur qu'il décore.
Gloire, gloire à Napoléon !

Napoléon, dans son écorce,
Porte une étoffe d'empereur
Que seules l'émeute et la force
Porteront au trône vainqueur ;
L'empire est fait, le sceptre brille,
Si nous lui montrons le bâton.
Le peuple lui doit sa famille.
Gloire, gloire à Napoléon !

Je sais que mes louanges blêmes
Qu'enflent peut-être trop d'ardeurs,

Vont m'attirer les anathèmes
De ceux dont je plains les malheurs ;
Mais à des poisons à tout tordre
Il faut un fort contre-poison :
Il vaut mieux trop lécher que mordre.
Gloire, gloire à Napoléon !

Ce ne sont pas des feux sordides
Qui font chanter ma muse à sec ;
Tout gagne cheveux blancs et rides
A chanter les rois en échec.
Je sais que je perds l'espérance
En célébrant son grand Aaron ;
Mais je crois qu'il sauve la France.
Gloire, gloire à Napoléon !

Napoléon est l'avant-garde
De l'avenir générateur,
Qui le suit et qui le regarde
Comme son astre bienfaiteur.
L'Unitéide au vœu fertile
Le guide à la création ;
Nous lui devons notre Évangile.
Gloire, gloire à Napoléon !

FIN.

LA MARCHE TRIOMPHALE
DU DEUX DÉCEMBRE 1851,

> Unissons-nous au pouvoir !
> LAROCHEJAQUELIN.

Peuples vainqueurs, qu'au fond du noir abîme
Tenaient plongés des complots odieux,
Jetez, jetez les suaires du crime :
Un dieu vengeur vient vous ouvrir les cieux.
D'un coup de foudre aux lois nationales
Napoléon brise l'iniquité.
Le *Deux-Décembre*, en marches triomphales,
Guide le monde à la grande unité.

Peuples, chantons, avec nos vaillantes armées,
    Napoléon aux exploits souverains ;
Peuples, chantons, avec toutes les renommées,
    Napoléon sauveur de nos destins.

En saisissant la lyre prophétique
Pour célébrer des exploits souverains,
Je crois saisir la lyre eucharistique
Qui célébra des triomphes divins.
Je crois chanter une Pâque immortelle
Et la Noël du monde racheté.
Le *Deux-Décembre*, en marche solennelle,
Guide le monde à la grande unité.

Partez, partez avec toutes mes foudres,
Dit l'Eternel à Napoléon Deux ;
Partez, partez, allez réduire en poudres
Tous les partis et leurs complots hideux ;
Partez, allez fulminer mes justices
Sur les Babels de la perversité.
Le *Deux-Décembre* aux œuvres créatrices
Guide le monde à la grande unité.

Le crime, ouvrant toutes ses cataractes,
Inondait tout d'un déluge moral,
Nouveau saint Paul des politiques actes
Napoléon en bien change le mal,
Et dit aux flots brisés dans leur colère :
Vous n'irez pas plus loin en cruauté.
Le *Deux-Décembre*, enfant-roi de brumaire,
Guide le monde à la grande unité.

Nous le tenons ! disaient les partis sombres,
En lui jetant leur fatal hameçon ;
Mais, leur jetant son filet dans les ombres,
Je vous tiens tous ! leur dit Napoléon.
Je vous tiens tous par le droit de défense
Dont m'investit tout un peuple exalté.
Le *Deux-Décembre*, illuminant la France,
Guide le monde à la grande unité.

Malgré la peur qui cause leur torture
Et leur fait voir mille moulins à vents,

Nos chevaliers de la triste figure,
Se voyant pris dans leurs amours vivants,
N'ont pu garder leurs encens colériques,
En s'écriant : *Bravo ! c'est bien joué !*
Le *Deux-Décembre* aux rires homériques
Guide le monde à la grande unité.

Ce coup-d'état est le coup de trompette
Qui fait surgir les morts de Josaphat
De l'ample tombe où le peuple se jette
En s'immolant au Golgotha qu'il bat.
Ce coup fera le Code œcuménique
Qui donne à tout l'universalité.
Le *Deux-Décembre*, en Bible véridique,
Guide le monde à la grande unité.

Comme un phénix renaissant de sa cendre,
L'aigle renaît du sein de l'Empereur,
Qui, le suivant dans le vol qu'il va prendre,
De son neveu couronne la splendeur,
Et fait gronder les canons des batailles
Pour célébrer leur immortalité.
Le *Deux-Décembre* aux justes représailles
Guide le monde à la grande unité.

Se résumant dans sa gloire infinie,
L'Univers est dans le Dieu du pardon ;
Se résumant dans son vaste génie,
Toute la France est dans Napoléon ;

C'est le soleil, qui toujours hors d'atteinte,
Donne à l'Etat la vie et la clarté.
Le *Deux-Décembre*, arche du peuple et sainte,
Guide le monde à la grande unité.

Plus prompt que l'ange étonnant dans son acte
Qui rend la vue à Tobie en accès,
D'un coup d'éclair brisant leur cataracte,
Napoléon rend la vue aux Français,
En leur donnant la raison qui l'éclaire
Et sa foi qui porte la vérité.
Le *Deux-Décembre* aux longs traits de lumière
Guide le monde à la grande unité.

A ses appels aux accords les plus rares,
Tous les Français, de leurs tombes en feu,
Se sont dressés ainsi que des Lazares
Ressuscitant à la voix de leur dieu,
Et, retrempés dans un nouveau baptême,
Ont tous repris leur force et leur beauté.
Le Deux Décembre, en marche avec Dieu même,
Guide le monde à la grande unité.

Avec des *ouis*, marbrés les plus splendides,
Que tout apporte en transports merveilleux,
Napoléon en vastes pyramides
Fait la Sion dont le front touche aux cieux
Et d'où, sans fin, tous les siècles de gloire
Contempleront son immortalité.

Le Deux-Décembre, offrant toute victoire,
Guide le monde à la grande unité.

Avec son chef, dont le grand nom domine
Sur l'Univers rempli de ses décrets,
La France, hélas ! qu'en vile Messaline
Tout rejetait aux impurs lazarets,
La France va reprendre sa puissance
Et resplendir comme un soleil d'été ;
Le Deux-Décembre, offrant toute espérance,
Guide le monde à la grande unité.

Son grand exploit illuminant tout temple,
Et qu'avec foi le grand peuple a scellé,
Des plus hauts faits que la gloire contemple,
Est l'épopée et le grand jubilé ;
C'est l'alpha saint et l'oméga biblique
De l'avenir qu'on crut décapité,
Le Deux-Décembre, en soleil électrique,
Guide le monde à la grande unité.

Ce coup d'état, par sa toute-puissance,
Fit un bâtard, dit-on, herculéen ;
Mais le grand peuple a, par sa voix immense
Légitimé l'hercule olympien,
Et tous les rois et les peuples du monde
L'adopteront avec paternité.
Le Deux-Décembre au levier qui féconde
Guide le monde à la grande unité.

Ah ! si jamais les nations marâtres
Répudiaient l'enfant terrible et beau
Qu'en fulminant ses amours idolâtres,
Napoléon tira de son cerveau ;
Tous les Français, en vrais foudres de guerre,
Iraient broyer les rois sans royauté.
Le Deux-Décembre à l'éclatant tonnerre
Guide le monde à la grande unité.

En arrêtant la faux du temps suprême,
Et refermant la gueule des lions ;
En recevant deux fois le saint baptême
Des voix du peuple, épris de ses rayons,
Napoléon, dans les siècles en trônes,
Fonde à jamais sa légitimité ;
Le Deux-Décembre offrant toutes couronnes,
Guide le monde à la grande unité.

Avec la foi qui seule fait tout luire,
Nous briserons tous les trônes d'airain,
Et nous ferons le *grand cinquième empire*
Que Dieu promet au peuple souverain.
Napoléon, de l'univers en prisme,
Sera le monde-uniteur exalté.
Le Deux-Décembre, au pur unitéisme,
Guide le monde à la grande unité.

Favorisant le bienfait qu'il abrite,
Et réprimant de criminels trafics,

Napoléon appelle tout mérite
A concourir à tous les biens publics ;
Sans distinguer ni lendemain ni veille,
Il admet tout, talent et probité.
Le Deux-Décembre, où tout bien se réveille,
Guide le monde à la grande unité.

Par ses Discours, par ses brillants Messages,
Par son coup d'aigle et par sa loi des lois,
Napoléon fait, pour sauver les âges,
Le jubilé des peuples et des rois ;
Et se présente en précurseur fidèle
Du vrai progrès et de la vérité.
Le Deux-Décembre, en sa marche immortelle,
Guide le monde à la grande unité.

Oui, je l'affirme en preuves authentiques,
Les ennemis de Napoléon-Deux
Deviendront tous ses amis fanatiques
Dès qu'ils verront tout son cœur généreux.
Et, clairvoyant, déjà le peuple libre
Entre ses bras s'est tout précipité.
Le Deux-Décembre, où tout le peuple vibre,
Guide le monde à la grande unité.

Dans son amour, ainsi qu'un autre Auguste,
Napoléon veut vaincre et pardonner
Son peuple aimé, qui, d'un courroux injuste
Comme Cinna voulut l'assassiner.

En l'accablant des trésors de sa grâce,
A ses genoux il veut le voir jeté.
Le Deux-Décembre, où tout crime s'efface,
Guide le monde à la grande unité.

Console-toi, Diogène en furie,
Consolez-vous, juifs du monde orgueilleux,
Voilà, voilà l'homme et le grand Messie
Tant recherché sur terre et dans les cieux.
Le Christ de Ham, l'homme de l'Élysée,
Renaît du sein de la NÉCESSITÉ.
Le Deux-Décembre, en céleste rosée,
Guide le monde à la grande unité.

Comme la tête en fureur de Méduse,
Ou que le spectre en tourment de Bancho,
Napoléon, que nul péril n'abuse,
A terrassé les partis sans écho
Et renversé de son char homicide
L'âpre Terreur au bras ensanglanté.
Le Deux-Décembre, avec l'Unitéide,
Guide le monde à la grande unité.

Le grand serpent de mer, le communisme,
D'un coup d'éclat est mort avec Satan,
Et désormais aucun vil proudhonisme
N'animera ce fier Léviathan.
Tout le vrai peuple a voté sa défaite;
Seul le faux peuple à sa gloire a chanté.

Le Deux-Décembre, à l'immense conquête,
Guide le monde à la grande unité.

En installant avec toute sa pompe
Les sénateurs et les législateurs,
Napoléon, qui jamais ne nous trompe,
Dit d'un accent éclatant de splendeur :
Non, non, jamais aux dépens de la France
Je ne voudrai d'empire contesté.
Le Deux-Décembre, avec toute espérance,
Guide le monde à la grande unité.

Conservons donc la république au trône,
Qui seule peut faire le bien de tous,
Et qui, jamais ne menaçant personne,
Peut rassurer tout mon peuple jaloux.
Conservons donc l'universel suffrage
Qui sauve seul du naufrage avorté ;
Le Deux-Décembre, au peuple offrant hommage,
Guide le monde à la grande unité.

Je veux, dit-il, gouverner la patrie
Régénérée avec quatre-vingt-neuf,
Organisée avec tout son génie
Par l'empereur, mais au lustre plus neuf ;
Je veux quitter le gouvernail sans règle
Quand le vaisseau sur l'écueil est jeté.
Le Deux-Décembre, au tout-puissant vol d'aigle,
Guide le monde à la grande unité.

J'aurais cédé sous le poids des fatigues
Que me causaient les viles factions
Qui, constamment rompant toutes les digues,
Paralysaient toutes mes actions ;
Mais je n'ai vu que l'affreuse anarchie
Pour succéder à mon autorité.
Le Deux-Décembre, étouffant l'hydre impie,
Guide le monde à la grande unité.

En unissant dans une foi sacrée
Le temporel et le spirituel,
Comme il le dit d'une voix inspirée
Aux cardinaux qu'il consacre à l'autel,
Napoléon veut que la terre entière
Se lie au ciel pour une éternité.
Le Deux-Décembre, offrant la vie entière,
Guide le monde à la grande unité.

Ce siècle plein de grandeurs sans pareilles,
Illuminé des plus brillants rayons,
S'appellera : *le Siècle des merveilles*,
Le siècle en chef des deux Napoléons,
Héros-géants que la rapide histoire
Ne pourrait suivre à la postérité.
Le Deux-Décembre, ôtant le PROVISOIRE,
Guide le monde à la grande unité.

Pour sceptre fort digne de sa fortune,
Napoléon portera le levier

Qui brisera tout trident de Neptune
En soulevant le monde tout entier ;
Pour sa couronne et pour son oriflamme
Il portera des soleils de clarté.
Le Deux-Décembre, à tout donnant une âme,
Guide le monde à la grande unité.

Napoléon est la tête du monde
Qui doit penser par son vaste cerveau,
Qui doit parler par sa voix qui féconde,
Qui doit agir par son bras sans niveau,
Suivre toujours ses pas chevaleresques,
Et qui doit voir par son regard vanté
Le Deux-Décembre, aux marches gigantesques,
Guider le monde à la grande unité.

Oui, vrai sauveur et vrai fils de la France,
Qui désormais vous bénira toujours,
Selon vos vœux, l'auguste Providence
Inspirera nos tout-puissants amours.
Oui la patrie, et l'Europe et le monde,
Seront sauvés avec l'humanité.
Le Deux-Décembre, où tout un ciel se fonde,
Guide le monde à la grande unité.

Peuples, chantons avec nos vaillantes armées
    L'Unitéide aux exploits souverains ;
Peuples, chantons avec toutes les renommées
    Napoléon sauveur de nos destins.

LE PARDON.

Pour tout sauver Dieu se fit homme,
Et l'homme, implacable bourreau,
Sans craindre les foudres de Rome,
Cloua le Christ sur le poteau !
Dieu fit le pardon qui l'éclaire ;
Dans la Croix mit l'amour jaloux ;
Et vers les cieux monta la terre :
Le saint pardon nous sauva tous !

Pour sauver le peuple qu'il aime ,
Par un coup d'état surhumain ,
Napoléon se fit Dieu même.
Le peuple sonna le tocsin !!!
Napoléon fit l'indulgence ,
Réprima l'ardeur des verrous ,
Et tout s'arma pour sa défense.
Le pardon nous sauvera tous.

Pour punir les plus tristes crimes ,
De militaires tribunaux
Allaient immoler des victimes
Au salut du peuple en lambeaux.
Napoléon fit la clémence ,
En amour changea le courroux ,

Et tout se lève pour la France.
Le pardon nous sauvera tous.

Craignant, dit-on, les fusillades,
Que tirait seul l'effroi sans but,
Les prisonniers les plus malades
Désespéraient de leur salut;
Napoléon fit l'espérance,
De la terreur riva les clous,
Et tout retrouva l'existence.
Le pardon nous sauvera tous.

Des commissions charitables,
Suivant des conseils paternels,
En libérant les moins coupables,
Frappèrent les plus criminels.
Napoléon créa la grâce,
Et tout, dans l'élan le plus doux,
Prêt à mourir, baisa sa trace.
Le pardon nous sauvera tous.

Les condamnés les plus rebelles,
Que nulle bonté n'abaissa,
Pour subir leurs peines cruelles,
Allaient partir pour Lambessa;
Napoléon fit l'amnistie,
Tout devant lui tombe à genoux,
Et se réunit pour la vie.
Le pardon nous sauvera tous.

Ce dictateur qui , sans mesure,
Devait tant frapper chaque jour,
A terminé sa dictature
Par le plus éclatant amour :
Il immole..... l'état de siége,
La censure et tous les écrous
Et des cœurs se fait un cortége !!!
Le pardon nous sauvera tous.

En remportant cette victoire
Par les sentiments les plus grands
Napoléon a plus de gloire
Que les plus fameux conquérants :
A la raison dont il est maître
Il ramène les pauvres fous,
Et cet exploit va tout soumettre.
Le pardon nous sauvera tous.

Ah ! pour confondre tous les crimes
Dans l'amour au divin rayon ,
Donnons-nous les pardons sublimes
Qui couronnent Napoléon.
Peuples, rois et grandes puissances,
Pères, enfants, femmes, époux,
Pardonnons-nous tous nos offenses.
Le pardon nous sauvera tous.

FIN,

LES TROIS 2 DÉCEMBRE

1804-1805-1851.

Dans un deux décembre, élevant son trône,
D'où son bras puissant fulminait les rois,
Un Napoléon ceignit la couronne,
Se fit empereur et dicta des lois ;
Dans un deux décembre, offrant l'existence,
Un Napoléon sans haine et sans peur,
Couronna son peuple et sauva la France.
Le deux décembre est le jour de l'honneur.

Dans un deux décembre, armant la victoire,
Qui suivit toujours ses héros soumis,
Un Napoléon tout couvert de gloire
Gagna la bataille au champ d'Austerlitz.
Dans un deux décembre armant son génie,
Qui de son grand oncle atteint la hauteur,
Un Napoléon gagna la patrie.
Le deux décembre est le jour de l'honneur.

Dans un deux décembre aux champs des batailles
Un Napoléon guidant nos guerriers,
De nos ennemis fit les funérailles,
Et couvrit nos fronts d'immortels lauriers.
Dans un deux décembre en faveurs précoces,
Un Napoléon par un coup sauveur,
Fait pour les Français d'héroïques noces.
Le deux décembre est le jour de l'honneur.

Dans un deux décembre en fondant l'empire,
Un Napoléon eut l'espoir un jour
De faire embrasser tout ce qui respire
Dans une unité de gloire et d'amour ;
Afin d'accomplir ce vœu tout splendide,
En faisant briller l'astre du bonheur,
Un Napoléon fait l'Unitéïde.
Le deux décembre est le jour de l'honneur.

Dans un deux décembre aux cris de la terre,
Que faisait trembler le feu des canons,
Un Napoléon fut dieu de la guerre
Et nous couronna d'immortels rayons.
Dans un deux décembre, aux bravos du monde,
Un Napoléon couvert de splendeur,
S'est montré le dieu de la paix féconde.
Le deux décembre est le jour de l'honneur.

FIN.

LA FÊTE DE LA VIE,

OU LE 15 AOUT.

ODE-CANTATE.

> O comme il est aimé, l'héritier du grand homme!
> BELMONTET, *Député, 15 août.*

> Peuple, Empereur, tout un monde s'éveille.
> MÉRY, *15 août.*

> Le jour de l'Empereur est le seul qu'on célèbre.
> BARTHÉLEMY, *15 août.*

Pour effacer tous les grands jours néfastes
Qu'illuminait la discorde sans port,
Et qui souillaient tous nos tragiques fastes,
En variant les fêtes de la mort,
Napoléon, éclairé par Marie
Et l'empereur, ses phares radieux,
Fixe au 15 août la fête de la vie.
Français, chantons en chœur avec les cieux.

Quand la moitié des peuples en alarmes,
En célébrant des triomphes de deuil,
Se lamentaient et répandaient des larmes,
Près des autels voilés comme un cercueil,

Dans ce grand jour d'allégresse infinie,
Tout boit à flot le nectar merveilleux.
Le 15 août est la fête de la vie.
Français, chantons en chœur avec les cieux.

Nul tendre époux, nulle amante, ni mère,
Comme en juillet, ou février, ou mai,
N'ont regretté leur enfant ou leur père
Que poignardait l'émeute sans relai ;
Le peuple entier, d'une voix réunie,
Fait retentir les chants les plus joyeux.
Le 15 août est la fête de la vie.
Français, chantons en chœur avec les cieux.

Ce jour choisi par la reine des reines,
Par l'empereur et par Napoléon,
Est le grand jour où, tout brisant ses haines,
Vers l'amour pur fait son assomption,
Où, triomphant dans l'unité bénie,
Tout fait vibrer des sons harmonieux.
Le 15 août est la fête de la vie.
Peuple, chantons en chœur avec les cieux.

Non, non, jamais de fêtes plus splendides
N'avaient brillé sur ce vaste univers ;
Non, non, jamais les héros intrépides
N'avaient reçu tant d'hommage divers :
Sur terre, au ciel, d'une ardeur réjouie,
Tous célébraient des triomphes pompeux.

Le 15 août est la fête de la vie.
Français, chantons en chœur avec les cieux.

Ces *Te Deum* que, dans tous les saints temples
Font le pontife et tous les grands prélats,
Cette revue aux belliqueux exemples
Où courent tous nos valeureux soldats,
Oui, tout nous dit que la terre ravie
Marche à l'Eden de Napoléon Deux.
Le 15 août est la fête de la vie.
Français, chantons en chœur avec les cieux.

Jamais regards n'ont vu tant de merveilles
Illuminer la cité de Paris,
Jamais faux dieux de lumières pareilles
N'ont éclairé leurs douces oasis ;
On aurait dit que Lutèce éblouie
Portait au front tous les soleil de feux.
Le 15 août est la fête de la vie.
Français, chantons en chœur avec les cieux.

Ces arcs fameux que la gloire couronne,
Ces fiers ballons défiant tous les airs,
L'aigle géant des barrières du Trône,
Ces eaux en feux aux splendides éclairs,
Ces douze hymens à la douce harmonie,
Tout fait briller l'avenir glorieux.
Le 15 août est la fête de la vie.
Français, chantons en chœur avec les cieux.

Ah ! peuple ingrat de qui l'erreur me navre
Et qu'exploitaient mille chefs criminels,
Pour s'élever, dressés sur ton cadavre,
Aux trônes vils de leurs rêves cruels,
Viens célébrer ta fête de magie
En proclamant ton sauveur généreux.
Le 15 août est la fête de la vie.
Français, chantons en chœur avec les cieux.

Ne soyons pas révolutionnaires
Et nous aurons des destins florissants ;
Célébrons tous les pouvoirs populaires,
Et les Français deviendront tout-puissants,
Que tout s'unisse en ce jour plein d'envie,
Et le bonheur comblera tous nos vœux.
Le 15 août est la fête de la vie.
Français, chantons en chœur avec les cieux.

Assez ! assez ! Comme d'affreux déluges
Dans leur longs flots les révolutions
Contre qui rien ne trouve de refuges,
Ont submergé toutes les nations.
Le choléra politique, en impie,
A trop rongé les peuples malheureux.
Le 15 août est la fête de la vie.
Français, chantons en chœur avec les cieux.

Jusques à quand, bon peuple à tête folle,
Jetteras-tu sur le roc tarpéien

Les dieux qu'il faut porter au Capitole
Ou dans le ciel de l'Olympe chrétien !
Jusques à quand t'immolant en harpie
Briseras-tu tes autels et tes dieux !
Le 15 août est la fête de la vie.
Français, chantons en chœur avec les cieux.

Quand, pavoisé, l'hôtel de la marine
Reçut le prince à son riant balcon,
La grande voix du peuple qui domine
Cria cent fois : VIVE NAPOLÉON !
Et le héros, tout plein de sa patrie,
Remercia d'un transport gracieux.
Le 15 août est la fête de la vie.
Français, chantons en chœur avec les cieux.

J'ai vu montant son cheval de batailles
Et tout brillant des étoiles de l'art,
L'Empereur-Roi bénir nos fiançailles
Et s'écrier du haut du Saint Bernard :
Je suis content de toi, France chérie;
Je suis content de toi, chef des neveux.
Le 15 août est la fête de la vie.
Français, chantons en chœur avec les cieux.

Lorsqu'au grand bal des halles en ivresse,
Qu'on vit toujours partager nos exploits,
Ministre, *fort*, écaillère et princesse
Ont réuni leurs mains, leurs cœurs, leurs voix,

Ils ont scellé pour toujours l'harmonie
Du pauvre et riche aux élans vertueux.
Le 15 août est la fête de la vie.
Français, chantons en chœur avec les cieux.

Mais je comprends tous ces transports d'extase
Tout célébrait le plus grand empereur,
Tous célébraient le Dieu qui nous embrase,
Et la famille et son drapeau sauveur,
Tout célébrait la grâce et l'amnistie
Que donne à tous *Napoléon l'heureux*.
Le 15 août est la fête de la vie.
Français, chantons en chœur avec les cieux.

En ce grand jour où la Vierge divine
Vient inspirer Napoléon vainqueur,
Le saint pardon qui toujours le domine,
Sauve les fils du crime ou de l'erreur,
Napoléon à tout malheur impie
Ouvre à jamais des cachots odieux.
Le 15 août est la fête de la vie.
Français, chantons en chœur avec les cieux.

En couronnant avec toutes les gloires
Ses grands exploits par la grâce et l'amour,
Napoléon couronne ses victoires
Par les plus beaux rayonnements du jour;
Car, par la grâce où tout se sanctifie,
Il fait pour tous l'empire glorieux.

Le 15 août est la fête de la vie.
Français, chantons en chœur avec les cieux.

Oui, je comprends la faveur exaltée
Que tout prodigue à son libérateur.
A notre France, hélas ! décapitée,
Napoléon rend la tête et le cœur;
Il la retire à la tombe flétrie,
Où la plongeaient les partis furieux.
Le 15 août est la fête de la vie.
Français, chantons en chœur avec les cieux.

C'est en ce jour de splendeurs ineffables,
Qu'ainsi que Dieu du haut du Sinaï
Nous fulminant sa loi des douze tables,
L'Unitéide enivre un peuple ami
Et vient offrir une palme choisie
A l'univers aux soleils fabuleux.
Le 15 août est la fête de la vie.
Français, chantons en chœur avec les cieux.

C'est en ce jour chanté par les poètes
Qu'au grand congrès de sa fille la Paix,
L'Unitéide aux éclats des trompettes
Appelle en chœur la gloire et les progrès,
Et fait pâlir les jeux dont Olympie
Eblouissait Jupiter orgueilleux.
Le 15 août est la fête de la vie.
Peuple, chantons en chœur avec les cieux.

C'est au 15 août que la Vierge aux miracles,
Pressant le peuple avec Napoléon,
Pour consacrer sa fête aux saints oracles,
Unira tout dans son grand Panthéon,
Et de son Dieu prodiguera l'hostie
Qui sauve tout, en tout temps et tous lieux.
Le 15 août est la fête de la vie.
Peuple, chantons en chœur avec les cieux.

Oh! dans ce jour que les cieux et la terre
Ont consacré dans un accord jaloux,
Napoléon d'une voix de tonnerre
Peut s'écrier : L'avenir est a nous.
Car, déployant l'action aguerrie,
Napoléon rend tout le peuple heureux.
Le 15 août est la fête de la vie.
Français, chantons en chœur avec les cieux.

Ah! triomphez, prince, de ces hommages,
Que tout vous doit et rend avec fierté,
Et dont sans fin les siècles et les âges
Couronneront votre immortalité.
Enivrez-vous de la sainte ambroisie
Qu'en flots d'amour versent les peuples-dieux.
Le 15 août est la fête de la vie.
Français, chantons en chœur avec les cieux.

FIN.

---

856. — Imp. Guiraudet et Jouaust, 338, r. Saint-Honoré.

VIVE L'EMPIRE ET VIVE L'EMPEREUR !

Chant final.

Pour tout unir au fleuve populaire,
Comme il le dit d'un poétique accent,
Napoléon, que suit la France entière,
Parcourt son midi tout resplendissant.
Au grand départ de l'astre de lumière,
Comme au retour du soleil créateur,
Tout chante en chœur d'une voix de tonnerre :
Vive l'empire et vive l'empereur !

Triomphateur qui jamais ne recule,
Napoléon vole à pas de géant
Avec le ciel vers les signes d'Hercule (1),
En culbutant les faux dieux du néant,
Et fait voguer le vaisseau planétaire
Vers le grand port de l'Eden uniteur.
Tout chante en chœur d'une voix de tonnerre :
Vive l'empire et vive l'empereur !

Pour mieux bénir le héros hors d'atteinte,
Guidant en chœur ses prélats radieux,
Pleine d'amour, la religion sainte
De *Te Deum* fait vibrer les saints lieux,
Car le héros veut suivre sa bannière
Dans la fortune ainsi qu'en son malheur.
Tout chante en chœur d'une voix de tonnerre :
Vive l'empire et vive l'empereur !

(1) Les astronomes ont fait observer que le 2 décembre le ciel faisait son mouvement de rotation vers le signe d'Hercule.

Pour parfumer ses éclatantes traces,
Les fronts ornés de tout l'éclat des cieux,
Volent l'amour, les muses et les grâces,
Brûlant sans fin des encens merveilleux.
Plus d'une vierge, au héros qui sait plaire,
Comme à son Dieu, donna sa chaste ardeur.
Tout chante en chœur d'une voix de tonnerre :
Vive l'empire et vive l'empereur !

Aux discours pleins de louanges bénies,
Le prince éclate en inspirations,
Et des Césars dépassant les génies,
L'élu de Dieu fait ses créations,
Et de son peuple, à l'amour exemplaire,
Il veut presser et la main et le cœur.
Tout chante en chœur d'une voix de tonnerre :
Vive l'empire et vive l'empereur !

Quel noble élan et quelle grandeur d'âme
Il a montré, ce prince plein de foi,
Dans la cité de Lyon qu'il enflamme
Depuis qu'il dit : *Lyonnais, aimez-moi !*
Quand il consacre une statue altière
De son digne oncle au feu révélateur,
Tout chante en chœur d'une voix de tonnerre :
Vive l'empire et vive l'empereur !

Le souffle pur du verbe tout céleste
Fit le sauveur des âmes des mortels,
Et, refermant tout abîme funeste,
Les transporta dans les cieux éternels.
Le souffle saint du verbe populaire
Fait le sauveur d'un monde agitateur.
Tout chante en chœur d'une voix de tonnerre :
Vive l'empire et vive l'empereur !

Comme un soleil de gloire et d'espérance,
Semant partout ses bienfaisants rayons,
Napoléon trois, sauveur de la France,
Sème partout la grâce et les pardons ;
Fils du malheur, qui sans cesse l'éclaire,
Napoléon compatit au malheur.
Tout chante en chœur d'une voix de tonnerre :
Vive l'empire et vive l'empereur !

Oh ! non, jamais, les grandes capitales,
Paris, Lyon, et Marseille, et Bordeaux,
De plus d'éclats en pompes triomphales,
N'ont couronné de plus digne héros !
Non, non jamais, la vapeur reine-mère,
N'avait bercé d'empereur plus vainqueur !
Tout chante en chœur d'une voix de tonnerre :
Vive l'empire et vive l'empereur !

Jamais, jamais l'empereur des victoires,
Qui ressuscite avec son fier neveu,
Dont le grand roi Jérôme étend les gloires,
N'eut tant d'honneur des hommes et de Dieu.
L'empire est fait par l'amour populaire,
Et l'aigle en feu plane à toute hauteur.
Tout chante en chœur d'une voix de tonnerre :
Vive l'empire et vive l'empereur !

Au fier Bordeaux, qui le fête et l'admire,
Napoléon couronne l'avenir
En proclamant que son brillant empire
Sera la paix qui fait tout resplendir ;
En proclamant qu'avec son ministère
Nous sommes tous les soldats de l'honneur.
Tout chante en chœur d'une voix de tonnerre :
Vive l'empire et vive l'empereur !

Le monde était un orgue en discordance
Que les partis démontaient nuit et jour;
Napoléon, par sa toute-puissance,
Le fait vibrer dans un accord d'amour,
Du grand clavier à touche humanitaire
Il fait jaillir un chant libérateur.
Ah! chantons tous d'une voix de tonnerre :
Vive l'empire et vive l'empereur!

Quand le héros rentre aux murs de Lutèce,
Le front brillant des trente-deux soleils
Que fit briller la France en allégresse
En l'entourant de rayons sans pareils,
Comme si Dieu descendait sur la terre,
Tout resplendit d'un éclat enchanteur.
Ah! chantons tous d'une voix de tonnerre:
Vive l'empire et vive l'empereur!

Oui, puisque ainsi la Divinité même,
Avec les voix du peuple libéral,
Vient vous offrir le plus beau diadème
Et vous léguer le sceptre impérial,
Sire, montez au trône séculaire
Où vous portez la grâce et le bonheur.
Tout chantera d'une voix de tonnerre:
Vive l'empire et vive l'empereur!

FIN.

938. — Paris, imp. Guiraudet et Jouaust, 338, r. S.-Honoré.